Das Elsaß-Lothringische
Jagdpolizeigesetz
nebst der
darauf bezüglichen Verordnung

Textausgabe mit französischer Uebersetzung und Anmerkungen
von einem Mitgliede des Landesausschusses.

Zweite Auflage.

LOI ET ORDONNANCE MINISTÉRIELLE
SUR
LA POLICE DE LA CHASSE

TEXTE ALLEMAND ET FRANÇAIS AVEC ANNOTATIONS
PAR
UN MEMBRE DE LA DÉLÉGATION.

Deuxième édition.

Straßburg,
Verlag von Karl J. Trübner,
1883

Vorbemerkungen.

Nachdem das Gesetz vom 7. Februar 1881, die Ausübung des Jagdrechts auf die politische Gemeinde übertragen hatte, hat der Landesausschuß den Wunsch auf Abänderung des französischen Jagdpolizei-Gesetzes vom 3. Mai 1844 ausgesprochen, indem einerseits manche Bestimmungen dieses Gesetzes in Folge der Einführung des deutschen Strafgesetzbuches, welches die unberechtigte Ausübung der Jagd unter die gemeinen Vergehen rechnet, als aufgehoben zu betrachten waren, andererseits der durch das Gesetz vom 9. Februar 1881 erwirkten Erweiterung der Jagdbezirke Rechnung zu tragen war.

Diesem Wunsche des Landesausschusses ist durch das gegenwärtige Gesetz entsprochen worden; es regelt im Allgemeinen die Beziehungen des Eigenthümers von Grund und Boden zu den Jagdberechtigten, sowie die Rechte und Pflichten der Letzteren.

Der Jagdberechtigte hat jetzt in Folge der veränderten Sachlage, ein Interesse seine Jagd pfleglich zu behandeln; deshalb konnte von den im französischen Gesetze aufgestellten strengen Grundsätze über Schonzeit, Jagen während der Schneezeit oder unter Anwendung unschädlicher und ungefährlicher Lockmittel u. s. w. abgesehen werden. Es lag jedoch die Befürchtung nahe, den Wildstand so gehoben zu sehen, daß er zum Schaden des Waldes und des Grundeigenthums gereicht; deswegen war es angezeigt einige Vorsichtsmaßregeln gegen übermäßigen Wildstand in das Gesetz aufzunehmen.

Observations préliminaires.

Par suite de la modification introduite par la loi du 7 février 1881 dans l'exercice du droit de chasse, la nécessité s'est imposée de modifier également la loi sur la police de la chasse du 3 mai 1844, dont les dispositions étaient déjà en partie abrogées par le Code pénal, qui considère le fait de braconnage comme un délit de droit commun, tombant sous l'application de la loi pénale ordinaire.

Telle est la portée de la nouvelle loi, qui répond à un vœu souvent exprimé par la Délégation, et qui a pour but de régler les rapports entre les propriétaires d'immeubles et les locataires de chasse, ainsi que les droits et devoirs de ces derniers.

Par suite de l'extension donnée aux districts de chasse, le locataire a maintenant de l'intérêt à ménager son gibier; aussi la nouvelle loi pouvait-elle se placer à un point de vue bien plus libéral que l'ancienne législation et faire abstraction des principes sévères de cette dernière, en ce qui concernait l'exercice de la chasse en temps prohibé, en temps de neige, avec appeaux ou chanterelles, etc. On ne pouvait cependant se dissimuler que si le locataire d'une chasse ménageait trop son gibier, l'agriculture courait le risque de se voir en partie sacrifiée au profit des amateurs de chasse; c'est cette crainte qui a fait introduire dans la loi nouvelle plusieurs dispositions qui doivent servir de sauvegarde contre la trop grande multiplication du gibier.

Der Grundeigenthümer wird gegen Wildschaden geschützt sein: 1) durch die ihm ertheilte Befugniß, das schädliche Wild selbst zu vertilgen; 2) bei übermäßigem Wildstand, dadurch: a) daß er seine Ansprüche auf Schadenersatz auf dem Rechtswege zur Geltung bringt; b) daß er Beschwerde auf der Kreisdirektion erhebt, worauf die zur Abhülfe erforderlichen Maßregeln getroffen werden.

Wenn andererseits einige Bestimmungen die heiligen Rechte des Grundeigenthümers etwas einzuschränken scheinen, so ist nicht zu verkennen, daß in Folge der Verpachtung sämmtlicher Gemeinde-Bannmeilen, den Grundeigenthümern bezw. den Gemeindekassen eine nicht zu unterschätzende Einnahmequelle eröffnet worden ist und die Gemeinden einen erheblichen Vortheil daraus beziehen, daß sie diese ihnen zufließende Einnahme zum Ausbau ihrer Feldwege verwenden können.

Wie dies für das Gesetz betreffend die Ausübung des Jagdrechts bereits geschehen, sind die den Paragraphen beigefügten Bemerkungen, zum größten Theil aus den Motiven des Gesetzes, bezw. aus den Verhandlungen des Landesausschusses entnommen und weisen besonders auf die in der Gesetzgebung getroffenen Aenderungen hin.

Le propriétaire d'immeubles a ainsi obtenu la faculté de détruire lui-même, le cas échéant, les animaux nuisibles qui s'attaqueraient à sa propriété (§ 2); en cas de dommage extraordinaire, il peut faire valoir ses droits en justice et s'adresser en outre au Kreisdirector, pour faire ordonner par voie de police les mesures efficaces que prévoit la nouvelle loi.

Si la loi semble d'un autre côté contenir certaines restrictions aux droits sacrés des propriétaires, ils ne sauraient s'en plaindre puisqu'ils retirent de leur droit de chasse, qui était illusoire par suite du grand morcellement de la propriété foncière, un revenu qui ne pourra qu'augmenter de jour en jour, et dont ils disposeront, soit dans leur propre intérêt, soit dans l'intérêt des communes, qui ne demanderont pas mieux que d'employer cet article de recette à l'amélioration de leurs chemins communaux.

Les annotations, qui accompagnent le texte de la loi, servent à indiquer les modifications introduites dans l'ancienne législation, et à justifier en même temps l'utilité pratique des nouvelles dispositions; ces annotations s'appuient sur l'exposé des motifs de la loi ainsi que sur les discussions qui ont eu lieu au sein de la Délégation.

Gesetz

betreffend die Jagdpolizei vom 7 Mai 1883.)

(Gesetzblatt für Elsaß-Lothringen, S. 57.)

---

§ 1. Die Ausübung der Jagd auf Grundstücken und Gewässern ist den Bestimmungen dieses Gesetzes unterworfen.

Die Verfolgung verwundeten Wildes in ein fremdes Jagdgebiet sowie das Aufnehmen des auf fremdem Jagdgebiet niedergefallenen Wildes (Jagdfolge) findet nur mit Erlaubniß des Jagdberechtigten statt.

---

§ 1. Die französische Gesetzgebung kennt den Grundsatz der Jagdfolge nicht. Nach feststehender Rechtsprechung kann jedoch der Jagdberechtigte ein Stück Wild, welches er auf seinem Jagdgebiet geschossen hat und todt auf dem fremden Grundstück zusammenstürzt, aufnehmen. Dieses Recht der Jagdfolge führt zu Chicanen, zu Gefährdungen des fremden Rechts und kann vollständig beseitigt werden, sobald die Jagdbezirke eine Erweiterung erfahren haben.

Es ist sonach dem Jagdberechtigten verboten, ein fremdes Jagdgebiet zu betreten, insofern er nicht die Zustimmung des Nachbarn dazu erhalten hat; er kann auf das fremde Jagdgebiet nur übergehen, um seine Hunde zurückzurufen, welche bei der Verfolgung eines auf der Jagd ihres Herrn aufgejagten Wildes die Jagdgrenzen überschritten haben. Bei Uebertretung dieser Vorschriften kommt § 292 bez. § 368 Nr. 10 des Strafgesetzbuches zur Anwendung.

Der § 16 des badischen Jagdpolizeigesetzes enthält die Bestimmung: das Wild, welches in einem andern Jagdbezirke angeschossen wird, ist das Eigenthum desjenigen, in dessen Bezirk es todt niederfällt oder gefunden wird. Mangels einer solchen Bestimmung, gehört das Wild dem ersten Besitzergreifer, vorbehaltlich der dem Jagdberechtigten zu gewährenden Entschädigung. Der Jäger, welcher ein Stück Wild auf fremdem Boden aufnimmt, bez. derjenige der Fallwild sich aneignet, begeht ein Jagdfrevel, derjenige der sich Wild aneignet, was in den Besitz eines andern übergegangen war, ist als Dieb zu bestrafen.

LOI

sur la police de la chasse du 7 mai 1883.

(Bulletin des Lois de l'Alsace-Lorraine, p. 57.)

---

§ **1**. L'exercice de la chasse sur la terre ferme et sur l'eau est réglé par les dispositions de la présente loi.

Il est défendu de poursuivre le gibier blessé sur une autre chasse ou de s'emparer du gibier tombé dans une autre chasse (droit de suite), sans le consentement de celui auquel appartient le droit de chasse.

---

§ 1. La loi française ne connaît pas le droit de suite. La jurisprudence admettait cependant que le chasseur qui avait blessé à mort une pièce de gibier pouvait la ramasser dans la chasse voisine. Ce droit donne ouverture à des chicanes et à des procès et n'a pas de raison d'être, du moment que les terrains de chasse ont une grande étendue.

Le chasseur ne peut sous aucun prétexte entrer dans la chasse voisine, à moins qu'il n'en ait obtenu l'autorisation du propriétaire de cette chasse, ou qu'il y aille pour ramener ses chiens, qui auraient dépassé les limites de sa chasse, pendant qu'ils étaient à la poursuite d'un gibier lancé sur son terrain. En cas de contravention, il tombe sous l'application du § 292 ou du § 368, n° 10 du Code pénal.

En vertu de la loi badoise (§ 16), le gibier qui tombe mort sur terrain d'autrui appartient au propriétaire de la chasse. En l'absence d'une disposition semblable, le gibier appartient au premier occupant sauf l'action en dommages-intérêts au profit du propriétaire de la chasse. Le chasseur qui ramasse une pièce de gibier dans une chasse voisine et celui qui en trouve une et se l'approprie, commettent un délit de chasse, celui qui s'approprie une pièce de gibier déjà possédée par un autre, commet un vol.

2. Als Ausübung der Jagd gilt es nicht, wenn Eigenthümer, Besitzer oder Pächter schädliches Wild auf ihren Ländereien vertilgen.

Das Ministerium bestimmt:

1. welches Wild als schädliches zu erachten ist;
2. mit welchen Mitteln und unter welchen Bedingungen dasselbe vertilgt werden darf.

3. In der Zeit vom 2. Februar bis 23. August ist das Wild mit der Jagd zu verschonen. Von dieser Bestimmung sind ausgenommen Schwarzwild, Hirsche, Rehböcke, Auer- und Birkhähne, Strich- und Zugvögel, Kaninchen und schädliches Wild (§ 2). Das Jagen mit Hunden auf vorstehend genannte Wildgattungen, mit Ausnahme der Auer- und Birkhähne, Strich- und Zugvögel, in der Zeit vom 2. Februar bis 23. August ist untersagt.

---

§ 2. Dem Jagdberechtigten fällt nur derjenige Wildschaden zur Last, den er durch Nachläßigkeit und Unvorsichtigkeit, d. h. durch übermäßiges Hegen des Wildstandes verursacht; deswegen gibt das Gesetz dem Grundeigenthümer die Möglichkeit, sich selbst gegen die schädlichen Thiere zu schützen. Die im Art. 9 des Gesetzes von 1844 anerkannte Befugniß der Grundbesitzer, die sogenannten bêtes fauves, während dieselben auf ihren Ländereien Schaden anrichten, unter Anwendung von Schußwaffen zu tödten, ist als ein besonderes Recht nicht wieder aufgenommen worden. Die Bestimmung im § 5 Abs. 1 gewährt den Grundbesitzern in der fraglichen Richtung genügenden Schutz.

Den etwaigen Vorwänden Seitens der Eigenthümer und den daraus sich ergebenden Uebelständen wird dadurch abgeholfen, daß das Ministerium die Bedingungen zu bestimmen hat, unter welchen das schädliche Wild vertilgt werden kann.

Die folgenden feldpolizeilichen Bestimmungen sind nicht als aufgehoben zu betrachten:

a) Art. 2. Decret vom 4. August 1789.

b) Art. 12. Tit. II. Gesetz vom $\frac{\text{28. September}}{\text{6. Oktober}}$ 1791 (v. gegenüber die französischen Bemerkungen).

§ 3. Absatz 2. Das Durchstreifen der Wälder mit Hunden während der Schonzeit des übrigen Wildes könnte zu Beunruhigung des Wildes Veranlassung geben, deswegen ist das Jagen mit Hunden bis zum 23. Aug. beschränkt, beziehungsweise verboten. Diese Bestimmung bezieht sich jedoch nur auf

2. La destruction des animaux nuisibles par les propriétaires, possesseurs ou fermiers sur leurs terres, n'est pas considérée comme exercice de chasse.

Le ministère détermine :

1° quels animaux sont réputés nuisibles ;

2° les moyens de destruction de ces animaux et les conditions dans lesquelles elle est permise.

3. Le gibier est à ménager depuis le 2 février jusqu'au 23 août. Sont exemptés de cette disposition les bêtes noires, les cerfs, les brocards, les coqs de bois et les coqs de bruyère, les oiseaux de passe et de passage, les animaux nuisibles (§ 2). Il est défendu de chasser avec des chiens les dites espèces de gibier, à l'exeption des coqs de bois, des coqs de bruyère et des oiseaux de passe et de passage pendant l'intervalle du 2 février au 23 août.

---

§ 2. Le locataire de chasse n'étant responsable du dommage causé par le gibier, qu'autant qu'il y a faute ou négligence de sa part, c'est-à-dire s'il ménage le gibier tellement qu'il en résulte un dommage sensible pour les récoltes, la loi a dû autoriser le cultivateur à se garantir lui-même contre le dommage pouvant résulter d'animaux nuisibles en les détruisant. Le droit des propriétaires de repousser ou de détruire les bêtes fauves qui porteraient dommage à ses propriétés, tel qu'il était inscrit dans l'article 9 de la loi du 3 mai 1844, n'a pas été maintenu, eu égard aux dispositions protectrices du § 5 de la loi.

Pour remédier aux abus qui pourraient se produire sous de faux prétextes, il incombe au ministère le soin de déterminer les conditions sous lesquelles cette destruction peut avoir lieu.

Ne sont pas abolies les dispositions suivantes qui se rapportent à la *police rurale:*

a. Art. 2 du décret du 4 août 1789. Le droit exclusif de fuies et colombiers est aboli; les pigeons seront enfermés aux époques fixées par les communautés; durant ce temps ils seront regardés comme gibier et chacun aura le droit de les tuer sur son terrain.

b. Art. 12, titre II de la loi du 28 septembre — 6 octobre 1791. Si ce sont des volailles de quelque espèce que ce soit qui causent le dommage, le propriétaire, le détenteur ou le fermier qui l'éprouvera pourra les tuer; mais seulement sur le lieu, au moment du dégât.

§ 3. Al. 1. Pour éviter que le gibier ne soit inquiété au moment où la chasse est en général fermée, l'usage du chien n'est pas toléré jusqu'au 23 août, sauf l'exception mentionnée à l'alinéa 1. Cette

Der Rehbock ist vom 2. Februar bis Ende Mai mit der Jagd zu verschonen.

Wasser- und Sumpfgeflügel, mit Ausnahme der wilden Gänse und Fischreiher, sowie sonstige Strich- und Zugvögel sind vom 1. April bis Ende Juni mit der Jagd zu verschonen.

Das Ministerium ist ermächtigt, bei außerordentlichen Verhältnissen die Feldjagd in einzelnen Landstrichen für einen Zeitraum von längstens 14 Tagen über den Schluß der Schonzeit hinaus zu untersagen.

Das Ausnehmen der Jungen von Federwild, welches Schonzeit hat, ist untersagt, das Ausnehmen von Eiern ist nur insoweit gestattet, als Eier, welche im Freien gelegt sind, von dem Jagdberechtigten in Besitz genommen werden, um sie ausbrüten zu lassen.

4. Es ist verboten, während der Schonzeit, vom vierzehnten Tage nach Eintritt derselben an, Wild welches zu schonen ist, feilzubieten, zu verkaufen, zu kaufen, zu transportiren oder zum Verkauf umher

---

das Aufsuchen, bez. Verfolgen von Wild, bevor es verwundet ist; das angeschossene Wild kann daher mittelst Hunden aufgesucht werden. Dieses Verbot bezieht sich nicht auf die gemäß § 5 ausgeführten Jagden, selbst wenn dieselben während der Schonzeit vorgenommen würden.

Absatz 4. Die Untersagung der Jagd durch das Ministerium stellt keine Verlängerung der Schonzeit dar. Auf das während der Dauer der Untersagung anderswo erlegte Wild findet die Vorschrift des § 4 keine Anwendung.

Absatz 5. Das Ausnehmen von Eiern von Federwild, welches Schonzeit hat, ist durch diese Bestimmung geregelt. Der Erlaß einer Bestimmung im Sinne des § 5 ist durch § 368 Nr. 11 des Strafgesetzbuches vorgesehen.

Das Verbot des Abschießens von Rehgeisen wird auch fernerhin in die bei Verpachtung der Jagd seitens der Gemeinde bez. der Forstverwaltung aufgestellten Lastenhefte aufgenommen werden; das bisherige Verbot in den administrirten Jagden wird ebenso bestehen bleiben.

§ 4. Abs. 1. Die vierzehntägige Frist ist hinzugeben, um den Absatz des erlegten Wildes zu erleichtern.

Abs. 2. Die Bestimmung ist mit Rücksicht auf die Besitzer von Fasanerieen, auf Aussetzen von einzelnen Wildarten, sowie auf die durch Hochwasser dem Wilde drohenden Gefahren eingeführt.

Le brocard est à ménager depuis le 2 février jusqu'à la fin de mai.

Le gibier d'eau et de marais, à l'exception de l'oie sauvage et du héron, ainsi que les autres oiseaux de passe et de passage, sont à ménager depuis le 1er avril jusqu'à la fin de juin.

Dans des circonstances extraordinaires le ministère est autorisé à interdire la chasse en plaine dans certains cantons, pendant une période de temps ne dépassant pas de quatorze jours l'époque ordinaire où la chasse est interdite.

Il est défendu de dénicher les petits du gibier à plumes, pendant le temps où la chasse en est interdite, les œufs n'en peuvent être dénichés qu'en tant qu'ils ont été pondus en plein champ et que le propriétaire de la chasse ne s'en empare que pour les faire couver.

4. En temps prohibé et depuis le quatorzième jour après la clôture de la chasse, il est défendu d'offrir en vente, de vendre, d'acheter, de transporter ou de colporter du gibier dont la chasse est interdite. Cette défense ne s'applique pas

---

prescription n'empêchera pas le chasseur d'avoir son chien à ses côtés, pour poursuivre une pièce de gibier blessée, dans l'unique but de ne pas la perdre; elle n'empêchera pas non plus l'emploi de chiens, dans les cas prévus par le § 5, même quand la chasse serait fermée.

Al. 4. Si le ministère use de la faculté qui lui est accordée par cet alinéa, le gibier tué ailleurs peut néanmoins être colporté et vendu là où la chasse en plaine n'est pas encore ouverte.

Al. 5. C'est l'enlèvement d'œufs *provenant de gibier à plumes*, pendant la fermeture de la chasse, que cet alinéa autorise dans certains cas. La peine est édictée par le § 368, no 11 du Code pénal.

La défense de tuer des chèvres est reproduite dans tous les cahiers des charges qui servent de base à la location des chasses communales ou forestières; l'administration forestière observe la même défense dans les chasses administrées.

§ 4. Al. 1. Le délai de 15 jours est suffisant pour permettre aux marchands de gibier d'écouler leur marchandise.

Al. 2. Cette disposition a paru nécessaire tant dans l'intérêt des propriétaires de faisanderies que pour faciliter le transport d'espèces de gibier qu'on veut transporter pour les lâcher, et pour remédier au danger qui menace le gibier pendant les inondations.

zu tragen. Dieses Verbot findet keine Anwendung auf den von der Behörde angeordneten Transport oder Verkauf von Wild.

Der Kreisdirektor kann während der Schonzeit das Einfangen und den Transport von lebendem Wild zu dem Zwecke gestatten, dasselbe zu erhalten oder seine Vermehrung zu befördern.

5. Wenn wegen übermäßiger Vermehrung des Wildes oder aus sonstigen Gründen außergewöhnlicher Wildschaden zu befürchten ist, hat der Kreisdirektor auf Antrag der beschädigten Grundbesitzer und nach vorheriger Prüfung des Bedürfnisses, auch während der Schonzeit, dem Jagdberechtigten die Abminderung aufzugeben. Kommt der Jagdberechtigte dieser Aufforderung innerhalb der gesetzten Frist nicht oder nicht genügend nach, so ist der Bezirkspräsident befugt, die erforderlichen Maßregeln zu treffen. Er kann insbesondere den Grundbesitzern mit örtlicher und zeitlicher Beschränkung die Erlaubniß ertheilen, das Wild bei Betreten ihrer Grundstücke mit den für die Ausübung der Jagd gestatteten Mitteln zu vertilgen, und geeigneten Falls Polizeijagden anordnen. Polizeijagden auf Hasen und Rehe sind nicht zulässig.

Das in Folge solcher Maßnahmen erlegte Wild ist, nach näherer

---

§ 5. Daß die Befugniß der Verwaltung Polizeijagden anzuordnen, keine Gefahr für den Jagdberechtigten enthält, geht aus dem Umstande hervor, daß der Kreisdirector nach stattgehabter Prüfung die Abminderung des Wildstandes, innerhalb einer angemessenen Frist, dem Jagdberechtigten aufgibt, und die Verwaltung erst dann die angeregte, so lästige Maßregel anordnet, welche übrigens für Hasen und Rehe nicht zulässig ist, wenn der Jagdberechtigte den Anordnungen des Kreisdirectors nicht nachkommt. Inzwischen ist ihm die gehörige Zeit gelassen worden, um den übermäßigen Wildstand selbst zu vermindern, oder sich mit dem Antragsteller zu verständigen. Mangels eines Antrages, fällt die Befugniß der Verwaltung Polizeijagden anzuordnen weg.

Das den Eigenthümern nach § 2 des Gesetzes zustehende Recht wird vorübergehend erweitert, wenn die Verwaltung ihnen die Erlaubniß ertheilt, das Wild bei Betreten ihrer Grundstücke selbst zu vertilgen.

Die Benutzung des Hundes ist bei Polizeijagden selbst während der Schonzeit zugelassen (v. Verhandlung des Landesausschusses 1883, 24. Sitzung). Das durch den Eigenthümer bezw. bei Polizeijagden erlegte Wild bleibt das Eigenthum der Jagdberechtigten und kann den Spitälern

au transport ou à la vente de gibier sur les ordres de l'administration.

En temps prohibé, le Kreisdirector peut autoriser la capture et le transport de gibier vivant dans le but de le conserver ou d'en favoriser la multiplication.

5. Lorsque par suite de multiplication excessive du gibier ou par d'autres motifs il y a lieu de craindre que le gibier ne fasse trop de dommages, le Kreisdirector peut, à la demande des propriétaires lésés, et après examen préalable, imposer même pendant la fermeture de la chasse, au fermier de la chasse, l'obligation de réduire le gibier. Si dans le délai fixé le fermier de la chasse ne se conforme pas à cette injonction ou ne s'y conforme que d'une manière insuffisante, le président du département est autorisé à prendre les mesures nécessaires. Il peut particulièrement permettre aux possesseurs des terres de détruire, avec restriction de lieu et de temps, le gibier se trouvant sur leurs terres, en se servant des moyens usités en matière de chasse ; il peut aussi, le cas échéant, ordonner des battues par voie de police. Ces battues par mesure de police ne peuvent avoir lieu pour la destruction des lièvres et des chevreuils.

Le gibier tué à la suite de pareilles mesures sera, par

---

§ 5. La faculté accordée à l'administration d'ordonner d'office des battues n'est pas un danger pour les locataires de chasses. En cas de plainte, l'administration a à enjoindre, après examen, au propriétaire de la chasse de diminuer le nombre de son gibier dans un délai déterminé, et ce n'est qu'en cas de refus que l'administration a à prendre une mesure aussi grave, qui ne s'applique pas du reste aux lièvres et aux chevreuils. Le propriétaire de la chasse peut profiter des délais qui lui sont accordés, pour tirer lui-même le gibier ou s'arranger avec le plaignant; à défaut de plainte, point de battue.

Si l'administration autorise les propriétaires d'immeubles à détruire eux-mêmes le gibier sur leurs propriétés, c'est une extension de la faculté accordée par le § 2.

Dans les cas prévus par le § 5, l'usage du chien est permis, quand même la chasse est fermée.

Le gibier tué appartient dans tous les cas aux propriétaires de la chasse; il ne peut être livré à des établissements de bienfai-

Anordnung des Bezirkspräsidenten, dem Jagdberechtigten zur Verfügung zu stellen oder zu dessen Gunsten zu verkaufen. Die Kosten einer Polizeijagd trägt der Jagdberechtigte insoweit, als dieselben den Werth des erlegten Wildes nicht übersteigen.

Die Verwerthung des auf seine Anordnung während der Schonzeit erlegten Wildes regelt der Bezirkspräsident in sinngemäßer Anwendung der vorstehenden Bestimmungen.

6. Das Ministerium bestimmt, welche Vögel als nützliche zu erachten und welche Maßnahmen zu treffen sind, um deren Vertilgung zu verhüten oder deren Vermehrung zu befördern. Hierbei kann insbesondere die Jagd auf die als nützlich bezeichneten Vögel untersagt oder beschränkt werden, auch wenn sie nach § 3 statthaft wäre.

7. Die Ausübung der Feldjagd zur Nachtzeit ist verboten. Als Nachtzeit gilt der Zeitraum, welcher eine Stunde nach Sonnenuntergang beginnt und eine Stunde vor Sonnenaufgang endet.

Die Ausübung der Jagd mit Laufhunden (Braken) kann für bestimmte Zeiten und Gegenden durch das Ministerium nach Anhörung des Bezirkstages verboten werden.

---

nicht überwiesen werden. Die Verwaltung kann den Verkauf dieses Wildes anordnen, um die Kosten der Polizeijagd zu decken. Sind diese Kosten höher, wie der Werth des erlegten Wildes, so hat der Staat diese Mehrkosten zu tragen, hingegen verbleibt der Ueberschuß dem Jagdberechtigten.

§ 6.

Wenn das Ministerium die Fasanenhenne, bezw. das Feldhuhn als nützliche Vögel anerkennt, so kann es Bestimmungen treffen, wodurch die Jagd auf dieselbe zeitweise beschränkt oder untersagt wird.

§ 7. Ein Uebelstand bei Nacht zu jagen, stellt sich hauptsächlich dann heraus, wenn die Feld- und Waldjagd getheilt sind und zwar mit Rücksicht auf den Wechsel des Wildes zur Nachtzeit; diesem Uebelstand ist dadurch Rechnung getragen, daß die Feldjagd zur Nachtzeit verboten ist.

Die Nachtzeit ist wie im Reichsgesetzentwurf betreffend den Schutz der nützlichen Vögel geregelt.

Das französische Polizeigesetz bestimmt welche Mittel bei Ausübung der

arrêté du président du département, mis à la disposition du fermier de la chasse ou vendu à son profit. Les frais d'une battue ordonnée d'office sont à supporter par le fermier de la chasse, en tant qu'ils ne dépassent pas la valeur du gibier tué.

Le président du département a à prendre des dispositions analogues pour le gibier tué sur ses ordres pendant le temps où la chasse est fermée.

6. Le ministère désigne les oiseaux qui sont réputés utiles et détermine les mesures à prendre pour en empêcher la destruction ou en favoriser la multiplication. La chasse des oiseaux réputés utiles peut dans ce but être défendue ou restreinte, quand même elle serait autorisée aux termes du § 3.

7. La chasse dans les champs est interdite pendant la nuit. Est considéré comme temps de nuit l'intervalle depuis une heure après le coucher du soleil et une heure avant le lever du soleil.

L'exercice de la chasse au chien courant peut être défendu par le ministère, le Conseil général entendu, pour certaines époques ou certaines contrées.

---

sance. L'administration peut en ordonner la vente pour couvrir les frais occasionnés par une battue. L'excédent de recette est à remettre au propriétaire de la chasse, le déficit reste au contraire à la charge de l'administration.

§ 6.
Si le ministère considère les poules de faisans ou de perdrix comme oiseaux utiles, il peut en défendre ou en restreindre la chasse.

§ 7. L'exercice de la chasse pendant la nuit présente surtout des inconvénients quand la chasse en plaine n'est pas réunie à la chasse en forêt, le gibier sortant de la forêt à l'entrée de la nuit pour n'y rentrer qu'au lever du soleil.

La durée de la nuit est définie dans le § 7 comme dans le projet de loi soumis au Reichstag, concernant la protection des oiseaux utiles.

La loi française détermine les modes de chasse qu'elle entend tolérer, le § 7 au contraire indique ceux que la loi défend, et laisse au ministère le soin de prohiber d'autres modes de chasse qui

Der Gebrauch von Schlingen ist nur bei der Jagd auf Krammetsvögel erlaubt.

Andere, nicht zur regelmäßigen Ausübung der Jagd dienende Jagdmittel und Jagdgeräthe kann das Ministerium verbieten.

8. Mit Ausnahme von Krammetsvögeln darf Wild, welches in Schlingen gefangen ist, nicht feilgeboten, verkauft, transportirt oder

---

Jagd Anwendung finden können, § 7 hingegen bestimmt nur einige verbotenen Mittel und überläßt es dem Ministerium, die anderweitigen nicht zulässigen Jagdmittel zu bezeichnen. Es kann sonach die Benutzung von Windhunden verbieten, ebenso den Gebrauch von Laufhunden für bestimmte Zeiten und Gegenden, aber erst nach Anhörung des Bezirkstages. Der dem Landesausschuß vorgelegte Entwurf hat in letzterem Sinne eine zusätzliche Abänderung erfahren; die Specialkommission hat in diesem Zusatze eine Gewähr dafür erblickt, daß das Ministerium nur dann einschreiten wird, wenn außerordentliche Mißstände zu beseitigen sind. Diese Art die Jagd auszuüben ist in den Bezirken Ober-Elsaß und Lothringen vollständig seit langen Jahren eingebürgert.

Die Regierungscommissare haben geltend gemacht, es sei keineswegs die Rede davon, den Gebrauch der Laufhunde ganz zu verbieten, § 7 bezwecke nur dort Einschränkungen aufzuerlegen, wo sich ernste Uebelstände geltend machten und wo der Wunsch laut würde, eine Art Jagd, die gegen die lokalen Interessen und Gewohnheiten verstöße, nicht eingeführt oder länger fortgesetzt zu sehen; diese Einschränkungen seien sonach geeignet, die Jagdnachbarn gegen lästige Eingriffe zu schützen, welche zu zahlreichen Conflicten Anlaß geben könnten.

Im § 7 hat die Bestimmung des Art. 11 des Gesetzes vom 3. Mai 1844 keine Aufnahme gefunden, zufolge welchen Artikels das Betreten eines fremden Jagdgebietes durch Laufhunde nicht als Ausübung der Jagd anzusehen ist, wenn diese Hunde in der Verfolgung eines auf der Jagd ihres Herrn aufgejagten Wildes begriffen sind. Diese Bestimmung berührt den Grundsatz der Jagdfolge nicht und ist nicht weiter aufrecht erhalten. Ob das Ueberlaufen von Laufhunden im einzeln Fall straflos bez. als ein Jagdvergehen im Sinne des § 292 Str.-G.-B. oder eine Uebertretung im Sinne des § 14 dieses Gesetzes ist, ergibt sich aus den thatsächlichen Verhältnissen.

Die Lerchen können mit Netzen gefangen werden, so lange das Ministerium die Benutzung von Netzen nicht verbietet.

§ 8. Behufs Unterdrückung des verbotenen Schlingenstellens, verbietet § 8 das in Schlingen gefangene Wild in den Verkehr zu bringen. Dieses Verbot erlaubt auch in denjenigen Fällen vorzugehen, in welchen di An-

L'emploi des lacets n'est permis que pour la chasse aux grives.

Tous autres moyens ou engins ne servant pas à l'exercice régulier de la chasse, peuvent être défendus par le ministère.

8. Le gibier pris dans les lacets, à l'exception de la grive, ne peut être mis en vente, vendu, transporté ou colporté

---

présentent des inconvénients. Le ministère peut ainsi défendre l'emploi de chiens lévriers; il entre également dans ses attributions de restreindre l'emploi de chiens courants à certaines époques de l'année et dans certains districts, après avoir pris l'avis du Conseil général. C'est la commission spéciale de la Délégation qui a ajouté cette dernière clause au projet primitif de la loi; elle y a trouvé la garantie que le ministère ne restreindra pas sans avoir des motifs très sérieux un mode de chasse qui est entré si profondément dans les habitudes d'un grand nombre de chasseurs du Haut-Rhin et de la Lorraine. D'après les explications fournies par les commissaires du gouvernement dans le cours de la discussion du projet de loi, il n'était nullement question de défendre les chiens courants, le § 7 n'avait d'autre but que de permettre d'imposer de sages restrictions dans les localités où se produiraient de sérieux inconvénients et où l'on exprimerait le désir de ne pas voir adopter ou continuer un mode de chasse contraire aux habitudes locales; il ne devait ainsi servir qu'à garantir les propriétaires de chasses voisines contre des empiétements fréquents et incommodes qui pourraient donner lieu à de nombreuses contestations.

Le § 7 n'a pas reproduit les dispositions de l'article 11 de la loi du 3 mai 1844, qui permet de ne pas considérer comme fait de chasse, le fait du passage des chiens courants sur l'héritage d'autrui, lorsque ces chiens sont à la poursuite d'un gibier lancé sur la propriété de leurs maîtres. Ces dispositions qui ne touchent en rien au droit de suite supprimé par le § 1, sont dès lors à considérer comme abolies et la matière est réglée par le droit commun, sauf l'atermoiement introduit par le § 14, dans le cas où il serait reconnu que le passage de chiens n'avait été qu'accidentel et ne constituait pas un fait volontaire de la part des propriétaires de chiens, de les envoyer dans la chasse voisine dans le but d'y rechercher du gibier et de le ramener sur leur propre chasse. Ce dernier fait constituerait un délit dans le sens du § 292 du Code pénal.

La loi ne défendant pas l'emploi des filets pour la chasse aux alouettes, l'usage en est permis tant que le ministère n'en défend pas l'usage.

§ 8. Pour empêcher celui qui tend des lacets de tirer un profit quelconque du gibier qu'il a pris, le paragraphe défend la vente de ce gibier. Cette disposition permet de sévir, même dans les cas

zum Verkauf umher getragen werden. Den Wirthen und Händlern ist verboten, derartiges Wild anzukaufen.

9. Die Ausübung der Jagd ist nur nach Lösung eines Jagdscheines gestattet. Der Jagdschein wird für die Zeit vom 2. Februar bis zum 1. Februar des folgenden Jahres ausgestellt und ist für das ganze Land gültig.

Für Jagdgäste können, auf Antrag des Jagdberechtigten, Zusatzjagdscheine auf einen Zeitraum von 8 Tagen ausgestellt werden. Diese Scheine sind nur für den Jagdbezirk der Jagdberechtigten gültig.

Eines Jagdscheines bedürfen nicht:

1. Personen, welche die Jagd auf Grundstücken ausüben, die an eine Wohnung anstoßen und mit einer ununterbrochenen, jede Verbindung mit den benachbarten Grundstücken aufhebenden Einfriedigung umgeben sind;
2. Forstschutzbeamte, welche in Ausübung des Dienstes nach Weisung ihrer Vorgesetzten auf administrirten Jagden innerhalb ihres Oberförstereibezirks oder auf Polizeijagden Wild abschießen.

Der Jäger hat den Jagdschein bei Ausübung der Jagd mit sich zu führen.

---

wendung der Bestimmungen über verbotenes Schlingenstellen bezw. über Begünstigung und Hehlerei ausgeschlossen ist.

§ 9. In Folge der Einführung einer einheitlichen Dauer für die Jagdscheine, ist die Controlle wesentlich erleichtert, weil ein Wechsel in der Farbe des Scheines jedes Jahr eintreten kann. Die bereits gelösten Jagdscheine behalten für die Zeit ihre Gültigkeit, wofür sie ausgestellt sind.

Der Zusatzjagdschein lautet auf den Namen desjenigen, in dessen Interesse er ausgestellt ist.

Der Eigenthümer eines umschlossenen Grundstückes kann während der Schonzeit darauf nicht jagen.

Der Jagdschein kann bei jedem Bürgermeister nachgesucht werden. Es ist Sache des Polizeidirectors bez. des Kreisdirectors, vor Ausstellung des Jagdscheines die erforderlichen Erkundigungen in Bezug auf den Gesuchsteller einzuziehen.

pour être vendu. Il est défendu aux aubergistes et marchands d'acheter de pareil gibier.

9. L'exercice de la chasse n'est permis qu'après l'obtention d'un permis de chasse. Ce permis est délivré pour la période du 2 février au 1er février de l'année suivante et est valable pour tout le pays.

Le propriétaire de la chasse peut se faire délivrer pour ses invités des permis complémentaires pour une durée de huit jours. Ces permis ne sont valables que dans l'étendue du terrain de chasse de celui qui en a demandé la délivrance.

N'ont pas besoin de permis de chasse :

1° Les personnes qui exercent la chasse dans leurs possessions attenantes à leur habitation et entourées d'une clôture continue faisant obstacle à toute communication avec les héritages voisins;

2° Les gardes forestiers qui, dans l'exercice de leurs fonctions et d'après les instructions de leurs supérieurs, chassent dans les chasses administrées dans l'étendue du rayon de leur sous-inspection ou prennent part à des battues ordonnées d'office.

Le chasseur doit toujours être muni de son permis de chasse.

---

où il ne serait pas prouvé que le détenteur de pareil gibier l'a pris aux lacets ou bien qu'il peut être considéré comme complice ou recéleur.

§ 9. La fixation d'une durée uniforme pour les permis de chasse a pour but de faciliter le contrôle, la couleur des permis pouvant varier tous les ans. Les permis de chasse déjà délivrés avant l'entrée en vigueur de la loi seront valables pour tout le temps de leur durée.

Les permis complémentaires porteront les noms des personnes en faveur desquelles ils ont été délivrés.

Le propriétaire d'un enclos pourra chasser sans permis, mais seulement tant que la chasse sera ouverte.

Pour obtenir un permis de chasse, l'on peut s'adresser à telle mairie que l'on choisit. Il appartient au Kreisdirector ou au Polizeidirector de se procurer les renseignements qu'il croira utiles de prendre avant de délivrer le permis.

Der Jagdschein ist bei dem Bürgermeister nachzusuchen. Die Ausstellung erfolgt durch den Kreisdirektor beziehungsweise durch den Polizeidirektor.

Für Ausstellung des Jagdscheines ist eine Gebühr von 20 Mark, für Ausstellung jedes Zusatzjagdscheines eine Gebühr von 5 Mark zu entrichten. Von der Gebühr werden 2/5 der Gemeindekasse derjenigen Gemeinde überwiesen, in welcher der Schein nachgesucht worden ist. Der Rest der Gebühr fließt in die Landeskasse.

10. Der Jagdschein darf nicht ertheilt werden:

1. Minderjährigen unter 16 Jahren und solchen Personen, von denen eine unvorsichtige Führung des Schießgewehrs oder eine Gefährdung der öffentlichen Sicherheit zu besorgen ist;
2. Personen, welche sich nicht im Besitz der Ehrenrechte befinden, oder welche unter Polizeiaufsicht stehen.

Minderjährigen, welche das 16. Lebensjahr vollendet haben, kann ein Jagdschein ertheilt werden, sofern ihr gesetzlicher Vertreter oder Kurator darum nachsucht.

Der ertheilte Jagdschein ist für ungültig zu erklären und einzuziehen, wenn einer der Umstände, welche die Ertheilung des Jagdscheines ausschließen, erst nach der Ertheilung eintritt oder zur Kenntniß der Behörde kommt.

11. Die Ertheilung des Jagdscheins kann verweigert werden:

1) Personen, welche nicht Angehörige des Deutschen Reichs sind;

Jeder Antrag muß schriftlich und auf Stempelpapier eingereicht werden; bei einem Collectiv-Antrag kann dasselbe Blatt für mehrere Gesuchsteller dienen.

§ 10. Einem Taubstummen, von dem eine unvorsichtige Führung des Schießgewehrs zu besorgen wäre, könnte der Jagdschein verweigert werden.

§ 11. Da die Verweigerung des Jagdscheines in den in § 11 vorgesehenen Fällen fakulativ ist, wird der Kreisdirector oder Polizeidirector in den Fällen der Nummer 3 die Entscheidung unter entsprechender Berücksichtigung der geringeren oder höheren erkannten Strafe zu treffen haben.

La demande en délivrance du permis est à adresser au maire. Le permis est délivré par le Kreisdirector ou par le Directeur de police.

Pour la délivrance du permis, il y a à acquitter une taxe de 20 marcs et pour la délivrance de tout permis complémentaire une taxe de 5 marcs. De cette taxe il revient deux cinquièmes à la commune où le permis a été demandé, le restant est versé à la caisse de l'Etat.

10. Le permis de chasse doit être refusé :

1° Aux mineurs âgés de moins de seize ans et aux personnes chez lesquelles il y a lieu de craindre un maniement maladroit du fusil ou un danger pour la sécurité publique ;

2° Aux personnes privées de leurs droits civiques ou qui se trouvent sous la surveillance de la haute police.

Il peut être délivré un permis de chasse aux mineurs ayant atteint l'âge de seize ans, du moment que leur représentant légal ou leur curateur en fait la demande.

Le permis délivré peut être retiré et annullé dans le cas où l'une des circonstances qui exclut la délivrance d'un permis ne survient ou n'est portée à la connaissance de l'autorité qu'après cette délivrance.

11. Le permis de chasse peut être refusé :

1° Aux personnes qui ne sont pas sujets de l'Empire allemand ;

2° Aux personnes qui ne peuvent pas justifier de leurs moyens de subsistance ;

La demande doit être faite sur papier timbré; rien n'empêche de faire la demande collectivement sur la même feuille.

§ 10. Un sourd-muet, qui pourrait, le cas échéant, faire un emploi imprudent d'une arme à feu, tomberait sous l'application de ce paragraphe.

§ 11. Le refus de délivrer le permis de chasse dans les cas prévus par ce paragraphe étant facultatif, le directeur du cercle ou de police aura à tenir compte de l'importance des peines subies par celui qui en fera la demande.

2) Personen, welche die Mittel zu ihrem Unterhalt nicht nachzuweisen vermögen;

3. Personen, welche wegen Widerstands gegen die Staatsgewalt, Diebstahls, Unterschlagung, Raub, Erpressung, Hehlerei, Betrugs, Contrebande oder Zolldefraudation, Bettelns oder Landstreichens, Forstdiebstahls, unberechtigten Jagens, oder Zuwiderhandlung gegen § 12 dieses Gesetzes rechtskräftig verurtheilt sind, von dem Tage der Rechtskraft des Urtheils an bis zum Ablauf von fünf Jahren, seitdem die erkannte Strafe verbüßt, erlassen oder verjährt ist.

Bei Bestrafungen wegen Contrebande oder Zolldefraudation kann jedoch der Jagdschein nur dann verweigert werden, wenn auf Freiheitsstrafe erkannt worden ist.

Der ertheilte Jagdschein kann für ungültig erklärt und eingezogen werden, wenn einer der Umstände, wegen deren die Ertheilung des Jagdscheines verweigert werden kann, erst nach der Ertheilung eintritt oder zur Kenntniß der Behörde kommt.

12. Mit Geldstrafe bis 100 Mark oder mit Haft bis 3 Wochen wird bestraft:

1. wer unter Anwendung verbotener Jagdmittel oder Jagdgeräthe die Jagd ausübt;

2. wer als Eigenthümer, Besitzer oder Pächter schädliches Wild auf unerlaubte Weise (§ 2) vertilgt;

---

§ 12. Das unberechtigte Jagen (die Wilddieberei) fällt unter die Bestimmungen des Strafgesetzbuches, deswegen entsprechen die in den §§ 12, 13, 14 und 15 angedrohten Strafen den bisherigen Bestimmungen insofern nicht, als sie einen viel niedrigeren Maßstab enthalten. Als Uebertretungen ist die Verjährungsfrist drei Monate.

Nach § 40 des Strafgesetzbuches, ist die Einziehung eines Gegenstandes nur dann zulässig, wenn derselbe dem Thäter oder einem Theilnehmer angehört; der letzte Absatz des § 12 enthält eine Abweichung von diesem Grundsatze.

Die etwa vorzunehmende Durchsuchung der Wohnung und anderer Räume ist durch die Strafproceßordnung geregelt.

In Bezug auf die Pflicht der Beamten strafbare Handlungen zur Anzeige zu bringen, sind die folgenden Bestimmungen maßgebend:

3° Aux personnes qui ont été condamnées par jugement définitif pour rébellion contre la force publique, vol, escroquerie, brigandage, extorsion, recel, tromperie, contrebande ou défraudation de douane, mendicité ou vagabondage, délit forestier, exercice illicite de la chasse ou infraction au § 12 de la présente loi, et ce à partir du jour où le jugement est devenu définitif jusqu'à l'expiration de cinq années, après l'expiation, la remise ou la prescription de la peine.

Le permis de chasse ne peut cependant être refusé à la suite d'une condamnation pour contrebande ou défraudation douanière, qu'autant que le jugement a édicté une peine corporelle.

Le permis de chasse peut après la délivrance être annulé et retiré, dans le cas où l'une des circonstances qui en rend la délivrance facultative ne survient ou n'est porté qu'après la délivrance à la connaissance de l'autorité.

12. Sera puni d'une amende jusqu'à 100 marcs ou des arrêts jusqu'à trois semaines :

1° Celui qui se livre à la chasse en se servant de moyens ou d'engins prohibés ;

2° Celui qui, en sa qualité de propriétaire, possesseur ou fermier, détruit des animaux nuisibles d'une manière non autorisée (§ 2);

---

§ 12. La loi n'ayant en vue que les propriétaires de chasse qui contreviennent à une loi de police, les peines édictées par les §§ 12, 13, 14 et 15 sont moins sévères que celles prévues par la loi du 3 mai 1844, qui punit en même temps les faits de braconnage; ces peines ne constituent que des contraventions qui se prescrivent par trois mois.

Le § 40 du Code pénal ne permet de prononcer la confiscation d'engins, qu'autant que l'inculpé en est propriétaire; le dernier alinéa contient une dérogation à ce principe.

Le Code d'instruction criminelle règle les visites domiciliaires.

En ce qui concerne le devoir des fonctionnaires de rechercher les faits punissables et de les dénoncer au ministère public, il se trouve inscrit dans les dispositions suivantes :

3. wer verbotene Jagdgeräthe unbefugt besitzt.

Neben der Geldstrafe oder Haft ist auf Einziehung der verbotenen Mittel und Geräthe zu erkennen, ohne Unterschied, ob sie dem Verurtheilten gehören oder nicht.

13. Mit Geldstrafe bis zu 60 Mark oder mit Haft bis zu 14 Tagen wird bestraft:

1. wer den in Gemäßheit dieses Gesetzes erlassenen Verordnungen zuwiderhandelt, sofern nicht andere Strafbestimmungen Platz greifen;
2. wer unbefugt auf Wild während der Schonzeit jagt oder die Feldjagd ausübt, während dieselbe gemäß § 3 Absatz 4 oder § 7 Absatz 1 untersagt ist;
3. wer dem Verbote des § 4 zuwiderhandelt;
4. wer dem Verbote des § 8 zuwiderhandelt.

---

§ 161 der Strafproceßordnung:

Die Behörden und Beamten des Polizeiund Sicherheitsdienstes haben strafbare Handlungen zu erforschen und alle keinen Aufschub gestatteten Anordnungen zu treffen, um die Verdunkelung der Sache zu verhüten.

Sie übersenden ihre Verhandlungen ohne Verzug der Staatsanwaltschaft.

§ 14 der Verordnung vom 13. Juni 1879:

Hülfsbeamte der Staatsanwaltschaft im Sinne des § 153 des Gerichtsverfassungsgesetzes sind:

1) Die Bürgermeister und deren Beigeordnete, die Polizeicommissare und die Gendarmen;

2) Die Forstschutzbeamten und die Feldschutzbeamten hinsichtlich der strafbaren Handlungen gegen die Forst-, Feld-, Jagd- und Fischereigesetze.

Alle diese Beamte sind zur Anzeige verpflichtet, selbst dann wenn der Jagdberechtigte einen Privat-Jagdaufseher bestellt hat.

§ 13. Nr. 1. Unter diese Bestimmung fallen Personen, welche die Bestimmungen über den Vogelschutz (§ 6) übertreten, sofern nicht § 12 des Gesetzes oder § 368 Nr. 11 des Strafgesetzbuches Platz greifen.

im S 6 u. s. w. erlassenen Verordnungen er-

3° Celui qui, sans en avoir le droit, est détenteur d'engins prohibés.

Indépendamment de l'amende ou de la peine des arrêts, il y a lieu d'ordonner la confiscation des engins prohibés, qu'ils appartiennent ou non au condamné.

13. Sera puni d'une amende jusqu'à 60 marcs ou de la peine des arrêts jusqu'à quatorze jours :

1° Celui qui contrevient aux arrêtés pris en exécution de la présente loi, en tant qu'il ne contrevient pas à d'autres dispositions pénales ;

2° Celui qui d'une manière illicite se livre à la chasse pendant qu'elle est fermée ou se livre à la chasse en plaine pendant qu'elle est défendue par le § 3 alinéa 4, ou le § 7 alinéa 1er ;

3° Celui qui contrevient au § 4 ;

4° Celui qui contrevient au § 8 ;

---

§ 161 du Code d'instruction criminelle:

Les autorités et fonctionnaires de la police et du service de sûreté doivent rechercher les faits punissables et prendre toutes les mesures qui n'admettent pas de retard, dans le but de prévenir l'obscurcissement de l'affaire.

Ils transmettront sans retard au ministère public les procès-verbaux qu'ils auront dressés.

14 de l'ordonnance du 13 juin 1870 :

Sont fonctionnaires auxiliaires du ministère public dans le sens du § 153 de la loi sur l'organisation judiciaire:

1° Les maires et leurs adjoints, les commissaires de police et les gendarmes ;

2° Les fonctionnaires préposés à la garde des forêts et les gardes champêtres relativement aux contraventions aux lois forestières, rurales, sur la chasse et sur la pêche.

Tous ces fonctionnaires ont à dénoncer les faits illicites de chasse, quand même le propriétaire de la chasse aurait fait assermenter un garde particulier.

§ 13. N° 1. Les personnes qui contreviennent aux ordonnances ministérielles concernant la protection des oiseaux utiles (§ 6), tombent sous l'application de ce paragraphe, en tant que les dispositions du § 12 de la loi ou du § 368, n° 11 du Code pénal ne leur sont applicables.

In den Fällen der Nummern 3 und 4 ist neben der Geldstrafe oder Haft auf Einziehung des Wildes zu erkennen, ohne Unterschied, ob dasselbe dem Verurtheilten gehört oder nicht.

14. Mit Geldstrafe bis 60 Mark wird bestraft:

1. wer die Jagd ausübt, ohne daß der vorgeschriebene Jagdschein für ihn gelöst ist;

2. wer es unterläßt, Laufhunde oder andere Hunde, welche unter seiner Aufsicht stehen, davon abzuhalten, auf fremdem Jagdgebiete ohne Genehmigung des Jagdberechtigten Wild aufzusuchen oder zu verfolgen.

Im Falle der Bestrafung auf Grund der Nummer 1 ist die Gebühr für Ausstellung des Jagdscheines (§ 9) nachzuzahlen.

---

halten Rechtskraft durch Veröffentlichung im Gesetzblatt für Elsaß-Lothringen.

Abs. 2. Das beschlagnahmte Wild kann nicht mehr sofort der nächsten wohlthätigen Anstalt durch das Amtsgericht oder das Bürgermeisteramt überwiesen werden. Die Materie ist bereits geregelt durch die Bestimmungen des Strafgesetzbuches bez. der Strafproceßordnung. Es ist Sache des Richters in seinem Urtheil zu bestimmen, auf welche Weise das beschlagnahmte Wild zu verwerthen ist.

§ 14. Die Fassung des § 14, Absatz 1, Nr. 2 entspricht nicht dem vielfach ausgesprochenen Wunsche, die Nachlässigkeit, Hunde auf dem Felde unbeaufsichtigt herumlaufen und das Wild auf diese Weise vertilgen zu lassen, unter Strafe zu stellen. Der Landesausschuß hat sich für eine so tief in die Rechte der Besitzern von Hunden eingreifende Maßregel nicht entschieden. Es bleibt sonach dem Bezirkspräsidenten überlassen, durch polizeiliche Verordnung dem etwaigen Uebelstände abzuhelfen. Solche Verordnungen sind bereits durch die Bezirkspräsidenten von Ober-Elsaß, beziehungsweise von Lothringen erlassen worden.

Aus der Fassung des Nr. 2 ergibt sich, daß von einer Uebertretung keine Rede sein kann, sobald die Genehmigung des Jagdberechtigten eingeholt ist.

Eine Uebertretung liegt vor, wenn eine Nachlässigkeit dem Besitzer des Hundes zur Last fällt. § 292 des Strafgesetzbuches findet Anwendung, sobald der Besitzer seinen Hund auf fremdem Jagdgebiet Wild aufsuchen läßt, um dasselbe auf seinem Jagdgebiet abzuschießen.

Dans les cas prévus aux nos 3 et 4, il y a lieu, indépendamment de l'amende ou de la peine des arrêts, de prononcer la confiscation du gibier, qu'il appartienne ou non au condamné.

14. Est puni d'une amende de 60 marcs :

1° Celui qui exerce la chasse, sans qu'il lui ait été délivré un permis;

2° Celui qui, sans le consentement du propriétaire de la chasse, n'empêche pas les chiens courants ou autres qui sont sous sa surveillance de rechercher ou de poursuivre le gibier sur le terrain de chasse d'autrui.

En cas de condamnation en vertu du n° 1, le contrevenant est tenu de payer en outre la taxe pour la délivrance du permis de chasse (§ 9).

Les ordonnances ministérielles seront à publier dans le Bulletin des lois d'Alsace-Lorraine.

Le gibier saisi ne peut plus, comme sous l'empire de la loi du 3 mai 1844, être attribué à la suite d'une procédure sommaire à l'établissement de bienfaisance le plus voisin, les lois de l'Empire (Code pénal et Code d'instruction criminelle) ayant réglementé la matière. Il appartient cependant au juge d'indiquer dans sa décision ce qu'il y a lieu de faire avec le gibier dont il a ordonné la confiscation.

§ 14. Ce paragraphe ne répond pas aux vœux souvent exprimés, de voir réprimer l'abus de la part des propriétaires de chiens, de les laisser courir dans les champs et détruire le jeune gibier. La Délégation n'a pas entendu restreindre à ce point les droits des propriétaires de chiens. Il appartient dès lors aux Préfets de faire disparaître les abus par des arrêtés de police. De pareils arrêtés ont déjà été pris par les Préfets de la Haute-Alsace et de la Lorraine.

La contravention n'existe qu'en l'absence d'un consentement de la part du propriétaire de la chasse.

La disposition du § 14 ne s'applique qu'en cas de négligence. Le § 292 du Code pénal reçoit son application, dès que le propriétaire d'un chien l'envoie dans les chasses voisines pour faire lever du gibier et le ramener sur son district de chasse.

15. Mit Geldstrafe bis zu 5 Mark wird bestraft, wer jagt, ohne den Jagdschein bei sich zu führen.

16. Im Rückfall kann die in den §§ 12, 13 und 14 angedrohte Geldstrafe bis auf das Doppelte des Höchstbetrages erhöht werden.

Im Rückfalle befindet sich, wer, nachdem er wegen Zuwiderhandlung gegen dieses Gesetz rechtskräftig veurtheilt ist, innerhalb zwei Jahren von Neuem eine solche Zuwiderhandlung begeht.

17. Die wegen Zuwiderhandlungen gegen die Bestimmungen dieses Gesetzes erkannten Geldstrafen fließen in den gemeinsamen Fonds und sind wie die übrigen Einnahmen dieses Fonds nach Maßgabe der hierüber bestehenden Vorschriften (Ordonnanz vom 30. Dezember 1823; Dekret vom 25. Juni 1852) zu verwenden.

18. Mit dem Tage des Inkrafttretens dieses Gesetzes sind alle bisherigen, bezüglich der Jagdpolizei erlassenen Bestimmungen, mit Ausnahme des § 11 Absatz 2 und 3 des Gesetzes vom 7. Februar 1881, aufgehoben.

---

§ 15. Nach § 9 hat der Jäger den Jagdschein bei Ausübung der Jagd mit sich zu führen. Diese Verpflichtung ist deshalb eingeführt worden, weil der Antrag auf Ertheilung eines Jagdscheines auf jedem Bürgermeisteramt gestellt werden kann. Eine zuverlässige Controlle ist nur dann möglich, wenn das Aufsichtspersonal fortwährend in der Lage ist zu prüfen, ob der Jäger einen Jagdschein gelöst hat. Eine gelinde Strafe erscheint im Falle einer Nachlässigkeit als angemessen.

§ 17. Die Ordonnanz vom 30. Dezember 1823 bestimmt:

Art. 4. Die Geldstrafen in Sachen der Feld- und Gemeindepolizei gehören einschließlich den Gemeinden, in welchen die Zuwiderhandlungen begangen wurden.

Art. 5. Die Geldstrafen in Zuchtpolizeisachen sind an die Casse der Finanzeinnehmer abzuführen, welche behufs Verordnung vereinigter Gemeindeeinkünfte einen gesonderten Einnahmeposten zu Gunsten der Gemeinden eröffnen.

Art. 6. Der Ertrag der Geldstrafen bildet ein gemeinsamer Fonds, dessen Ueberschuß bis zum Belaufe eines Drittels zu Gunsten der Findel- und verlassenen Kinder und für die zwei andern Drittel zu Gunsten der am meisten bedürftigten Gemeinden zu verwenden ist.

§ 18. § 11 des Gesetzes vom 7. Februar 1881 lautet:

Abs. 2. Jedoch ist auf den von den Festungswerken umschlossenen

15. Est puni d'une amende de 5 marcs, celui qui exerce la chasse sans être porteur de son permis.

16. En cas de récidive, l'amende édictée par les §§ 12, 13 et 14 peut être portée au double du maximum de la peine.

Il y a récidive, lorsque le délinquant, après avoir été condamné définitivement pour l'une des infractions prévues par la présente loi, contrevient de nouveau dans les deux ans aux dispositions de la présente loi.

17. Les amendes prononcées pour les infractions prévues par la présente loi, sont versées au fonds commun et sont employées comme les autres recettes de ce fonds, conformément aux prescriptions qui règlent la matière (Ordonnance du 30 décembre 1823 ; Décret du 25 juin 1852).

18. A partir du jour de l'entrée en vigueur de la présente loi, toutes les dispositions se rapportant à la police de la chasse sont abrogées, à l'exception du § 11 alinéas 2 et 3 de la loi du 7 février 1881.

---

§ 15. Le § 9 impose au chasseur l'obligation d'être toujours muni de son permis de chasse; cette obligation est la conséquence de la faculté laissée à chacun de demander la délivrance d'un permis à la mairie qu'il choisit. Un contrôle efficace n'est possible que si les agents chargés de la surveillance sont à même de vérifier à tout instant si les chasseurs sont en règle; une légère peine paraît justifiée en cas de contravention.

§ 17. L'ordonnance du 30 décembre 1823 porte :

Art. 4. Les amendes de police rurale et municipale appartiendront exclusivement aux communes dans lesquelles les contraventions auront été commises.

Art. 5. Les amendes de police correctionnelle seront versées à la caisse des receveurs des finances, qui en feront recette distincte au profit des communes.

Art. 6. Le produit des amendes formera un fonds commun, dont l'excédant sera applicable au service des enfants trouvés ou abandonnés jusqu'à concurrence du tiers, et pour les deux autres tiers, aux dépenses des communes qui éprouvent le plus de besoins.

§ 18. L'article 11 de la loi du 7 février 1881 est ainsi conçu:

Al. 2. Néanmoins l'usage des armes à feu sera interdit, tant

Im Sinne des § 10 des Gesetzes vom 7. Februar 1881 wird als Tag des Jagdschlusses im Jahre 1889 der 1. Februar festgesetzt.

19. Dieses Gesetz tritt mit dem 1. Juli 1883 in Kraft.

Die zur Ausführung desselben erforderlichen Anordnungen werden durch des Ministerium erlassen.

Urkundlich 2c.

Gegeben 2c.

Grundstücken, sowie in einem Umkreise bei weitestens 225 Meter von den Festungswerken, desgleichen von Forts, Pulvermagazinen und ähnlichen Anstalten die Anwendung von Feuergewehren bei Ausübung der Jagd oder bei Abwehr und Verscheuchung des Wildes bei Vermeidung einer Geldstrafe von 20 bis 150 M. oder Haft bis zu 4 Wochen untersagt.

Abs. 3. Die Abgrenzung und Versteinung der Sicherheitsrayons erfolgt auf Anordnung des Statthalters nach Maßgabe der §§ 3 und 8 des Reichsgesetzes vom 21. December 1871 (R.=G.=B. 1871, S. 459; G.=B. für E.=L. 1872, S. 133).

§ 10 des Gesetzes vom 7. Februar 1881 lautet:

Abs. 1. Bei der erstmaligen Verpachtung der Jagdbezirke ist der Ablauf der Frachtzeit auf den Tag des Jagdschlusses im Jahre 1889 festzusetzen.

Le 1er février est à considérer comme jour de la clôture de la chasse en 1889, dans le sens du § 10 de la loi du 7 février 1881.

19. La présente loi entrera en vigueur le 1er juillet 1883. Le ministère est chargé de prendre les dispositions nécessaires pour la mise à exécution de la présente loi.

---

pour l'exercice du droit de ch sse que pour la poursuite du gibier, sur les terrains enclavés dans les fortifications, ainsi que sur ceux situés dans un circuit de 225 mètres au plus des fortifications ou des forts, poudrières et autres établissements de même nature, sous peine d'une amende de 20 à 150 marcs, ou bien des arrêts jusqu'à 4 semaines.

Al. 3. La délimitation et l'abornement des rayons de sûreté auront lieu sur les dispositions à prendre par le Statthalter, en se conformant aux §§ 3 et 8 de la loi de l'Empire du 21 décembre 1871 (B. des lois de l'Empire, 1871, p. 459, B. des lois d'Alsace-Lorraine, 1872, p. 133).

L'article 10 de la même loi est ainsi conçu:

Al. 1. Lors de la première location des districts de chasse, la fin du bail devra être fixée au jour de la fermeture de la chasse de l'année 1889.

Verordnung

betreffend die Jagdpolizei, vom 20. Juni 1883.

(Gesetzblatt für Elsaß-Lothringen, S. 65.)

Auf Grund der §§ 2 und 6 des Gesetzes vom 7. Mai 1883, betreffend die Jagdpolizei (Gesetzbl. S. 57), wird hierdurch bestimmt, was folgt:

I. Schädliches Wild.

§ **1**. Als schädliches Wild, welches Eigenthümer, Besitzer oder Pächter auf ihren Ländereien vertilgen dürfen, sind zu erachten:

1. Wölfe, Wildschweine, Wildkatzen, Füchse, Iltisse, Marder, Wiesel, Fischotter, Eichhörnchen, Kaninchen, Dächse.

2. Geier, Adler, Falken, Habichte, Sperber, Milane, Bussarde, Weihen, Elstern, Würger, Reiher, Wildtauben, Uhus, Kolkraben, Heher, Eisvögel, Cormorane (Scharben).

2. Die Vertilgung des im § 1 unter Nummer 1 bezeichneten Wildes darf stattfinden unter Anwendung von Fängen, Gruben und Fallen, sowie durch Aufgraben und Ausräuchern der Baue,

---

§ 2, Absatz 1. § 367 des Strafgesetzbuches lautet:

Mit Geldstrafe bis zu 150 ℳ oder mit Haft wird bestraft:

8. Wer ohne polizeiliche Erlaubniß an bewohnten oder von Menschen besuchten Orten Selbstgeschosse, Schlageisen oder Fußangeln legt, oder an solchen Orten mit Feuergewehr oder andern Schießwerkzeuge schießt oder Feuerwerkskörper abbrennt;

12. Wer auf öffentlichen Straßen, Wegen oder Plätzen, auf Höfen,

ORDONNANCE

concernant la police de la chasse du 20 Juin 1883.

(Bulletin des Lois de l'Alsace-Lorraine, p. 65.)

En exécution des §§ 2 et 6 de la loi du 7 mai 1883, concernant la police de la chasse, il est ordonné ce qui suit :

I. Des animaux nuisibles.

§ **1**. Sont considérés comme animaux nuisibles, que les propriétaires, possesseurs ou fermiers peuvent détruire sur leurs immeubles ruraux :

1° Les loups, les sangliers, les chats sauvages, les renards, les putois, les martres, les belettes, les loutres, les écureuils, les lapins, les blaireaux.

2° Les vautours, les aigles, les faucons, les autours, les éperviers, les milans, les busards, les buses, les pies, les écorcheurs, les hérons, les pigeons sauvages, les grands-ducs, les grands corbeaux des bois, les geais, les martins-pêcheurs, les cormorans.

2. La destruction des animaux dénommés dans le § 1 n° 1 peut avoir lieu soit au moyen de pièges, fosses ou trappes, soit en ouvrant ou en enfumant les terriers, en se

---

§ 2, al. 1. Le § 367 du Code pénal allemand est ainsi conçu :
Sera puni d'une amende jusqu'à 150 marcs ou de la peine des arrêts:

8° Quiconque aura, sans permission de la police, posé des torpilles, trappes, des chausse-trappes dans des endroits habités ou des lieux fréquentés ou y aura tiré avec des armes à feu ou d'autres instruments de tir ou tiré des feux d'artifice;

12° Quiconque aura laissé à découvert ou sans garde sur

unter Beobachtung der Vorschriften in § 367 Nummer 8 und 12 des Reichsstrafgesetzbuches.

Zur Vertilgung von Kaninchen ist auch der Gebrauch von Netzen und Frettwieseln gestattet.

Das Aufstellen von Wolfs-, Fuchs- und Dachseisen im Wald und im offenen Feld darf nur mit Erlaubniß des Kreisdirektors bezw. des Polizeidirektors stattfinden. Die Erlaubniß ist von den einzelnen Eigenthümern, Besitzern oder Pächtern unter möglichst genauer Bezeichnung der Oertlichkeiten, wo die Eisen gestellt werden sollen, zu beantragen.

3. Die Vertilgung der im § 1 unter Nummer 2 bezeichneten schädlichen Vögel kann erfolgen unter Anwendung von Fangkörben, Fangnetzen und Pfahleisen, sowie durch Zerstören der Eier und Nester.

4. Sind die in den §§ 2 und 3 zugelassenen Vertilgungsmittel nach Lage des Falles für nicht ausreichend zu erachten, so kann der Kreisdirektor bezw. Polizeidirektor einzelnen Eigenthümern, Besitzern oder Pächtern für ihre Person oder für ihre Beauftragten ausnahmsweise die Anwendung von Schußwaffen zum Zweck der Vertilgung erlauben.

Personen, welchen nach den Bestimmungen der §§ 10 und 11 Nummer 3 des Jagdpolizeigesetzes die Ausstellung eines Jagdscheines versagt werden muß oder versagt werden kann, darf die in Rede stehende Erlaubniß nicht ertheilt werden.

Die Erlaubniß ist schriftlich und nur auf bestimmte Zeit zu ertheilen. Der Erlaubnißschein muß den Namen Desjenigen, für den er ertheilt ist, und die Bezeichnung des Wildes enthalten, dessen Vertilgung bezweckt wird.

Die Anwendung von Schußwaffen während der Nachtzeit (§ 7

---

in Häusern und überhaupt an Orten, an welchen Menschen verkehren, Brunnen, Keller, Gruben, Oeffnungen oder Abhänge dergestallt unverdeckt oder unverwahrt läßt, daß daraus Gefahr für Andere entstehen kann.

conformant aux dispositions du § 367, nos 8 et 12 du Code pénal allemand.

Pour la destruction du lapin, il est permis de faire usage de filets et de furets.

Il est défendu de placer en forêt et dans les champs, des pièges à loup, à renard ou à blaireau, sans l'autorisation du directeur du cercle ou du directeur de police. Chaque propriétaire, possesseur ou fermier devra en faire la demande et désigner aussi exactement que possible, les endroits où il entend placer les pièges.

3. La destruction des oiseaux désignés comme nuisibles par le § 1 n° 2, peut avoir lieu soit au moyen de paniers, de filets ou de perches-trappes, soit en détruisant leurs œufs et leurs nids.

4. Si les moyens de destruction permis par les §§ 2 et 3 se montraient, le cas échéant, comme inefficaces, le directeur du cercle ou le directeur de police pourrait autoriser le propriétaire, le possesseur ou le fermier de se servir, eux et les personnes qu'ils commettent à cet effet, d'armes à feu pour la destruction des animaux nuisibles.

Cette autorisation ne peut être accordée aux personnes, auxquelles on peut ou on doit refuser le permis de chasse, en vertu des dispositions des §§ 10 et 11 n° 3 de la loi sur la police de la chasse.

L'autorisation est à donner par écrit et seulement pour un temps déterminé. Le permis doit porter le nom de la personne à laquelle il est délivré et indiquer l'espèce de gibier que l'on entend détruire.

L'usage d'armes à feu est défendu pendant la nuit (§ 7 de la loi sur la police de la chasse), à moins qu'il ne soit for-

---

des chemins, rues ou places publics, dans des cours, maisons ou généralement dans des endroits où l'on a l'habitude de circuler, des puits, caves, fosses, ouvertures ou abaissements de terrain, de manière qu'il puisse en résulter un danger pour autrui.

des Jagdpolizeigesetzes) ist nicht gestattet, wenn die Erlaubniß sich nicht ausdrücklich auch auf die Nachtzeit erstreckt.

Wer auf Grund der ertheilten Erlaubniß schädlichem Wild mit der Schußwaffe nachstellt, muß den Erlaubnißschein bei sich führen.

5. Wenn die Erlaubniß zum Gebrauch von Schußwaffen oder die Erlaubniß zum Aufstellen von Wolfs-, Fuchs- und Dachseisen ertheilt wird, hat der Kreisdirektor bezw. der Polizeidirektor dem Jagdberechtigten alsbald hiervon Mittheilung zu machen.

II. Nützliche Vögel.

6. Als nützliche Vögel sind zu erachten:

Ammern, Amseln, Bachstelzen, Baumläufer, Blaukehlchen, Braunellen, Dohlen, Drosseln, Eulen mit Ausnahme des Uhu, Fasanenhennen, Finken, Fliegenschnäpper, Goldhähnchen, Grasmücken, Hänflinge, Kuckucke, Laubvögel, Lerchen, Meisen, Nachtigallen, Nachtschwalben, Pieper, Pirols, Rebhühner, Rohrsänger, Rothkehlchen, Rothschwänzchen, Saatkrähen, Schwalben, Segler, Seidenschwänze, Spechte, Spechtmeisen, Staare, Steinschmätzer, Stieglitze, Tagschlafer, Wasserschmätzer, Wendehälse, Wiedehöpfe, Wiesenschmätzer, Zaunkönige, Zeisige.

7. Das Zerstören und das Ausheben von Nestern oder Brutstätten der im § 6 bezeichneten Vögel, das Tödten, Zerstören und Ausnehmen von Jungen und Eiern derselben und das Feilbieten der gegen dieses Verbot erlangten Nestern, Eier und Jungen ist untersagt.

Auf die Beseitigung von Nestern, welche sich an und in Gebäuden, oder in Hofräumen befinden, bezieht sich dieses Verbot nicht. Auch wird die nach § 3 Absatz 5 des Jagdpolizeigesetzes dem Jagdberechtigten zustehende Befugniß, im Freien gelegte Eier zum

mellement mentionné dans le permis que l'usage est aussi accordé pour la nuit.

Celui qui, en vertu de son autorisation, entend guetter des animaux nuisibles avec une arme à feu, doit être porteur de son permis.

5. Dès que l'autorisation d'user d'armes à feu ou de placer des pièges à loup, à renard ou à blaireau a été accordée, le directeur du cercle ou le directeur de police a à en informer immédiatement le propriétaire de la chasse.

II. Des oiseaux utiles.

6. Sont considérés comme oiseaux utiles:

Les embérizes, les merles, les bergeronettes ou hoche-queue, les grimpereaux, les gorge-bleue, les brunets, les choucas, les grives, les hibous à l'exception du grand-duc, les poules de faisan, les pinsons[1], les gobe-mouches, les roitelets-huppés, les fauvettes, les linottes, les coucous, les becs-fins, les alouettes, les mésanges, les rossignols, les engoulevents, les pipits, les merles dorés ou loriots, les perdrix, les fauvettes des roseaux, les rouge-gorge, les rouge-queue, les corneilles, les hirondelles, les martinets, les jaseurs ou geais de Bohème, les pics, les sitelles, les étourneaux-sansonnets, les traquets, les chardonnerets, les tête-chèvre, les cincles, les torcols, les huppes, les motteux, les roitelets, les tarins.

7. Il est défendu de détruire et d'enlever des nids ou autres lieux d'incubation, les œufs des oiseaux désignés au § 6, de tuer, détruire ou prendre leur couvée et leurs œufs ainsi que de mettre en vente les nids, œufs et couvées dont on s'est emparé, contrairement à la défense qui en est faite.

Cette défense ne s'applique pas aux nids qui se trouvent contre les habitations ou dans leur intérieur ou dans les cours. Elle ne touche au surplus en rien à la faculté accor-

---

[1] Le bouvreuil paraît rentrer dans la catégorie des *Finken* (pinsons).

Zwecke der Ausbrütung auszunehmen, durch das Verbot nicht berührt.

8. Die im § 6 bezeichneten Vögel dürfen mit Ausnahme der Drosseln, Feldlerchen, Fasanenhennen und Rebhünern zu keiner Zeit gefangen, erlegt oder todt verkauft oder feilgeboten werden.

Die Drosseln (Krammetsvögel) dürfen nur vom 15. September bis 1. Dezember mit Schußwaffen erlegt oder mit Schlingen gefangen, sowie todt verkauft oder feilgeboten werden.

Die Feldlerchen dürfen nur vom 15. September bis 1. Dezember mit Schußwaffen und vermittelst des Spiegels erlegt, sowie todt verkauft oder feilgeboten werden.

Die Fasanenhennen und Rebhühner dürfen auch außerhalb der gesetzlichen Schonzeit nicht erlegt oder gefangen werden, so lange der Boden mit Schnee bedeckt ist, insofern nicht das Einfangen lediglich zum Zwecke der Erhaltung und Vermehrung dieser Vögel geschieht.

Dem Fangen im Sinne dieses Paragraphen wird jedes Nachstellen zum Zwecke des Fangens oder Tödtens von Vögeln, insbesondere das Aufstellen von Netzen, Schlingen, Leimruthen oder anderen Fangvorrichtungen gleichgeachtet.

9. Wenn Vögel, welche nach Maßgabe des § 8 nicht gefangen oder erlegt werden dürfen, schaarenweise in Weinberge, Obstbaumpflanzungen, Gärten oder bestellte Felder einfallen, so dürfen sie in der Zeit von Beginn der Reife der Früchte bis zur Beendigung der Ernte mit Genehmigung und auf nähere Anordnung des Kreisdirektors bezw. Polizeidirektors von dem Jagdberechtigten, sowie von dem Eigenthümer, Besitzer oder Pächter des betreffenden Grundstücks getödtet werden, jedoch nur unter Anwendung von Schußwaffen.

10. Wer Kinder oder andere seiner Gewalt untergebene und zu seiner Hausgenossenschaft gehörige Personen zu beaufsichtigen hat, ist verpflichtet, dieselben von der Uebertretung der in den §§ 7 und 8 enthaltenen Bestimmungen abzuhalten.

dée par le § 3, alinéa 5 de la loi sur la police de la chasse au propriétaire de la chasse, de dénicher les œufs pondus en plein champ, dans le but de les faire couver.

8. Les oiseaux désignés au § 6, à l'exception de la grive, de l'alouette des champs, de la poule de faisan et de la perdrix, ne peuvent à aucune époque être pris, tués ou vendus morts ou mis en vente dans cet état.

La grive ne peut être tuée avec des armes à feu ou prise aux lacets, vendue morte ou mise en vente dans cet état, que depuis le 15 septembre jusqu'au 1er décembre.

Les alouettes des champs ne peuvent être tuées avec des armes à feu et à l'aide du miroir, ou être vendues ou mises en vente à l'état mort, que depuis le 15 septembre jusqu'au 1er décembre.

La poule de faisan et la perdrix ne peuvent être tuées ou capturées, même quand la chasse est ouverte, tant que la terre est couverte de neige, à moins que la capture n'ait pour but de conserver et de reproduire ces oiseaux.

Est assimilé au fait de capture dans le sens de ce paragraphe, tout fait qui tend à prendre ou à tuer des oiseaux, surtout le fait de poser des filets, des lacets, de la glu ou d'autres engins de capture.

9. Dans le cas où des oiseaux qui ne peuvent être capturés ou tués d'après le § 8, s'abattent par bande dans une vigne, un verger, un jardin ou des champs cultivés, il est permis au propriétaire de la chasse ainsi qu'au propriétaire, au possesseur ou fermier dudit immeuble, après en avoir obtenu l'autorisation du directeur du cercle, de les tuer, mais seulement avec des armes à feu et depuis l'époque où commence la maturité des fruits jusqu'à la fin de la récolte.

10. Celui qui a sous sa surveillance des enfants ou sous sa dépendance d'autres personnes faisant partie de sa domesticité, est tenu de les empêcher de contrevenir aux dispositions des §§ 7 et 8.

11. Le ministère peut accorder exceptionnellement dans

11. Zu wissenschaftlichen und Lehrzwecken oder wegen besonderer örtlicher Bedürfnisse können Ausnahmen von den vorstehenden Verbotsbestimmungen durch das Ministerium bewilligt werden.

III. Schlußbestimmungen.

12. Zuwiderhandlungen gegen die Vorschriften dieser Verordnung werden, sofern nicht andere Strafbestimmungen Platz greifen, entweder in Gemäßheit des § 12 Nummer 2 des Jagdpolizeigesetzes mit Geldstrafe bis 100 M. oder mit Haft bis 3 Wochen oder in Gemäßheit des § 13 Nummer 1 dieses Gesetzes mit Geldstrafe bis 60 M. oder mit Haft bis zu 14 Tagen bestraft.

13. Diese Verordnung tritt mit dem 1. Juli 1883 in Kraft.

l'intérêt de la science et de l'instruction, ou dans le cas d'un besoin spécial à la localité, l'autorisation de ne pas observer les dispositions prohibitives ci-dessus indiquées.

III. Dispositions finales.

12. Les contraventions aux dispositions de la présente ordonnance seront punies, soit en vertu du § 12 n° 2 de la la loi sur la police de chasse, d'une amende de 100 marcs ou de la peine des arrêts jusqu'à 3 semaines, soit en vertu du § 13 n° 1 de la même loi, d'une amende de 60 marcs ou de la peine des arrêts jusqu'à 14 jours, en tant que d'autres dispositions pénales ne leur sont pas applicables.

13. La présente ordonnance entrera en vigueur le 1er juillet 1883.

Straßburg, Druck von G. Fischbach. — 2741.

Straßburg, Druck von G. Fischbach. — 2741.

FSC
www.fsc.org
MIX
Papier | Fördert
gute Waldnutzung
FSC® C083411

Kolibri 360 GmbH
Ferdinand-Jühlke-Straße 7
99095 Erfurt, Deutschland
produktsicherheit@kolibri360.de